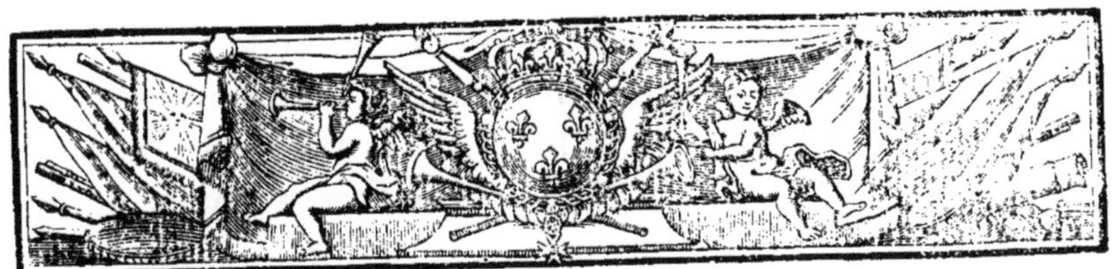

ORDONNANCE DU ROI,

Concernant le Corps du Génie & les Compagnies de Sappeurs & de Mineurs.

Du 10 Mars 1759.

DE PAR LE ROI.

SA MAJESTÉ ayant rétabli le Corps de ſes Ingénieurs dans ſon premier état, par ſon ordonnance du 5 mai 1758: Et voulant le rendre de plus en plus utile à ſon ſervice, Elle a jugé à propos, après lui avoir fixé un traitement capable d'y ſoûtenir l'émulation, de règler d'une manière préciſe & ſtable leur ſervice, tant à la guerre que dans les Places; & en conſéquence, Elle a ordonné & ordonne ce qui ſuit:

ARTICLE PREMIER.

LE Corps du Génie ſera compoſé, ainſi qu'il l'a été depuis l'ordonnance du 7 février 1744, de trois cens Officiers, ſous la dénomination d'Ingénieurs ordinaires du Roi, qui leur sera uniquement affectée à l'exclusion de tous autres; lesquels Ingénieurs seront distribués dans les provinces & places du royaume, conformément à l'état qui en sera arrêté tous les ans par le Secrétaire d'État ayant le département de la guerre.

I I.

Le nombre de trois cens Ingénieurs ordinaires du Roi, sera composé de vingt Directeurs des fortifications, pour autant de départemens de provinces, quatre-vingt-dix Ingénieurs en chef, & cent quatre-vingt-dix Ingénieurs ordinaires; & attendu que le nombre des départemens de Directeurs est actuellement de vingt-deux, Sa Majesté trouve bon de laisser subsister les deux directions surnuméraires, jusqu'à ce qu'elles deviennent vacantes, pour être alors réunies à d'autres.

I I I.

Aucun sujet ne pourra être admis dans le Corps des Ingénieurs ordinaires du Roi, s'il n'est parfaitement instruit dans l'Arithmétique, les Élémens de Géométrie & les Principes fondamentaux de la Méchanique Statique & de l'Hydraulique, & qu'il n'ait en conséquence subi l'examen nécessaire & prescrit par les règlemens précédens, & notamment par celui du 8 avril 1756, devant l'Examinateur nommé par Sa Majesté.

I V.

Les sujets ainsi préparés & reconnus capables, seront admis à l'École de Mézières, lorsqu'il y aura place.

V.

Le nombre des Élèves de l'École de Mézières, n'excèdera pas celui de trente.

V I.

Ceux qui seront admis à cette École, auront le rang

de Lieutenant en ſecond, avec ſept cens vingt livres d'appointemens par an.

VII.

Le Commandant en chef de cette École, ſera en même temps Directeur des fortifications des places du département de la Meuze, & aura ſous lui un Commandant en ſecond.

VIII.

Les Élèves reſteront à l'École de Mézières pendant deux ans, au bout duquel temps, s'ils ont été reconnus aſſez inſtruits pour entrer dans le Corps du Génie, ils y ſeront admis.

IX.

Tout Ingénieur prendra rang de Lieutenant réformé d'Infanterie, du jour de la date de ſon brevet d'Ingénieur; en conſéquence duquel il ſera reconnu en ladite qualité par tous les Officiers, Gendarmes, Maréchaux-des-logis, Sergens, Cavaliers, Dragons & Soldats des troupes de Sa Majeſté.

X.

Le Roi ayant réſolu de continuer d'accorder au Corps de ſes Ingénieurs des commiſſions de Colonels, de Lieutenans-colonels & de Capitaines réformés à la ſuite de ſon Infanterie, Sa Majeſté a décidé que ces commiſſions ſeront accordées, de préférence aux ſervices de guerre, ſon intention étant que la commiſſion de Capitaine ſoit la récompenſe des ſervices rendus dans ce Corps en qualité de Lieutenant; & que pour obtenir les commiſſions de Lieutenant-colonel & de Colonel, le nombre des ſervices de guerre ſoit préféré à toute autre conſidération.

XI.

Les appointemens particuliers qui ont toûjours été attachés à ces commiſſions de Colonel, de Lieutenant-colonel

& de Capitaine réformé, continueront d'être payés sur le même pied qu'ils l'ont été jusqu'à présent.

SERVICE DANS LES ARMÉES.

XII.

L'INGÉNIEUR supérieur en grade, commandera à tous les Ingénieurs d'un grade inférieur, & dans le cas où à la même armée il se rencontreroit plusieurs Ingénieurs pourvûs du même grade, celui qui aura acquis le plus grand nombre de services de guerre, depuis son entrée dans le Corps du Génie, commandera aux autres; & s'il arrivoit qu'ils fussent du même grade & qu'ils eussent le même nombre de services de guerre, alors la date de leur commission établira la préférence. Il en sera usé de même de leur ancienneté dans le Corps, qui pourra être rappelée, toutes choses d'ailleurs étant égales; & pour établir la juste valeur des services que ces Officiers auront à produire dans chaque grade, Sa Majesté veut que les siéges tiennent le premier rang, & donnent la préférence en comptant par le nombre de tranchées qu'ils y auront monté, ensuite les batailles dont une sera équivalente à deux tranchées de siége; en troisième lieu les expéditions exposées au feu de l'ennemi, dont une vaudra une tranchée, les simples campagnes à la suite de l'armée, & enfin l'ancienneté dans le Corps.

XIII.

UN Ingénieur blessé à un siége, de façon à être hors d'état de continuer d'y être employé, comptera au nombre de ses services la même quantité de tranchées que les Ingénieurs de sa brigade y auront monté.

XIV.

LES Ingénieurs, quel que soit leur grade, ne pourront

prétendre

prétendre aucun commandement ſur les troupes, dans les détachemens ou poſtes où ils ſe trouveront, à moins d'un ordre exprès du Roi ou du Général; voulant néanmoins Sa Majeſté que ceux qui auront le grade de Colonel ou de Lieutenant-colonel puiſſent être commandés une fois ſeulement en cette qualité pendant le cours de chaque campagne.

XV.

LORSQU'IL ſera queſtion d'employer des Ingénieurs à la guerre, ils ſeront raſſemblés par brigades, dont chacune ſera compoſée d'un Brigadier, d'un Sous-brigadier, d'un Chef de diviſion & de ſix Ingénieurs ordinaires.

XVI.

L'INGÉNIEUR qui aura été nommé par Sa Majeſté pour commander en chef les brigades deſtinées à ſervir en campagne, rendra compte directement au Général de l'armée, de ce qui concernera le ſervice deſdites brigades; à ſon défaut, le Commandant en ſecond chargé du détail; & au défaut de celui-ci, le Brigadier ſupérieur en grade fera les mêmes fonctions.

XVII.

QUAND il y aura à l'armée au moins deux brigades d'Ingénieurs, il ſera nommé par le Roi un Commandant en ſecond pour faire le détail du ſervice deſdites brigades, & régler celui des travaux de campagne qui auront été déterminés par le Commandant en chef du Corps, en conſéquence des ordres du Général; diſtribuer aux Ingénieurs chargés de la conduite des ouvrages, les deſſeins & mémoires néceſſaires, ſe trouver au tracé, & en faire la viſite pour reconnoître s'ils ſont bien exécutés: cet Officier ſera aidé par les Brigadiers, dans cette inſpection, dont ils rendront compte exactement au Commandant en chef.

XVIII.

DANS le cas où il y aura au moins deux brigades d'Ingénieurs à l'armée, il ſera auſſi nommé par Sa Majeſté un Ingénieur, non compris dans le nombre de ceux qui compoſeront les Brigades, pour faire les fonctions de Major du corps; le Major ſe trouvera tous les jours à l'ordre chez le Major général de l'Infanterie, le portera à ſon Commandant, recevra les ſiens en conſéquence, & les fera paſſer aux Brigadiers par un Ingénieur de chaque brigade, qui viendra les prendre chez lui; il fera & arrêtera, avec le Tréſorier & le Munitionnaire, les décomptes des Ingénieurs, & il les commandera à l'ordre pour le ſervice.

XIX.

LORS du décès d'un Ingénieur à l'armée ou dans les quartiers de cantonnement, le Major des Ingénieurs appoſera le ſcellé & fera l'inventaire & la vente des effets du défunt, de la manière preſcrite pour les Majors de l'Infanterie, par l'article DCVI & les ſuivans de l'ordonnance du 17 février 1753.

XX.

IL ſera encore nommé, dans le même cas, un Aide-major, dont les fonctions conſiſteront particulièrement à prendre ſoin du logement, de la fourniture du pain, du fourrage & du bois, & à porter les ordres du Commandant; il aidera le Major dans ſes fonctions; ira à ſa place, dans le cas de néceſſité, à l'ordre chez le Major général, pour le porter à ſon Commandant, & le donner enſuite chez le Major, quoiqu'abſent, aux Ingénieurs des différentes brigades, qui ne s'aſſembleront point ailleurs à cet effet.

XXI.

L'INGÉNIEUR deſtiné à faire les fonctions de Major des Ingénieurs à l'armée, devra avoir ſervi dans les brigades, au moins en qualité de Chef de division; le service qu'il remplira en qualité de Major, lui sera compté comme service de Sous-brigadier; & dans le cas d'un siége, le Major & l'Aide-major seront censés y avoir monté le même nombre de tranchées que la première brigade; l'Officier qui sera choisi pour commander en second ou en troisième, & faire le détail, devra avoir servi en qualité de Brigadier, & le Commandant en chef sera ordinairement, & autant que faire se pourra, tiré du nombre de ceux qui auront fait le détail.

XXII.

IL sera donné une garde de dix hommes & un Sergent au Commandant en chef des Ingénieurs, bien entendu que s'il est Officier général, il en aura une selon son grade.

XXIII.

LE Commandant des Ingénieurs aura toûjours à l'armée un logement convenable à ses fonctions au quartier général ou le plus près que faire se pourra, ainsi que les autres Ingénieurs qui seront sous ses ordres, & ils feront partie du quartier général.

XXIV.

LE Commandant des Ingénieurs continuera, en cette qualité, d'entrer tous les jours à l'ordre chez le Général de l'armée; quant au Major des Ingénieurs, il continuera d'y recevoir le mot du Maréchal-de-camp de jour.

XXV.

TOUS les jours que l'armée marchera pendant le cours de la campagne, il sera commandé un ou deux Ingénieurs pour accompagner le Maréchal-de-camp de jour au campement, exécuter ses ordres, prendre une connoissance exacte de la situation du camp, & reconnoître les ouvrages & retranchemens dont il seroit susceptible.

XXVI.

DÉFEND de nouveau Sa Majesté, & très-expressément, à tous Ingénieurs servant dans ses armées, de donner ou envoyer aucun plan de places ou des ouvrages qu'ils exécuteront, à qui que ce soit, qu'au Général de l'armée, à l'Officier général, commandant le Corps avec lequel ils seront détachés, & au Secrétaire d'État ayant le département de la guerre.

XXVII.

DÉFEND pareillement Sa Majesté à tous Brigadiers, Sous-brigadiers & autres Ingénieurs, de quitter à l'armée, sous quelque prétexte que ce soit, leur brigade, sans la permission de leur Commandant & du Général de l'armée.

XXVIII.

LORSQU'UN Officier général, commandant quelque division, aura besoin d'un ou plusieurs Ingénieurs pour le service, il en fera la demande au Général de l'armée, qui ordonnera au Commandant en chef des Ingénieurs, de lui désigner ceux qu'il conviendra de choisir, afin que l'ordre du service des brigades ne soit point troublé.

XXIX.

AUCUN Ingénieur ne pourra servir d'Aide-de-camp à un Officier général, ni être employé dans l'État-major de l'armée.

XXX.

LE jour d'une affaire générale, le Commandant des Ingénieurs, le Major & un Ingénieur d'ordonnance se tiendront près du Général, qui leur donnera ses ordres pour la distribution & l'emploi des autres Ingénieurs.

XXXI.

LORSQU'IL sera question de former un siége, le Commandant en chef des Ingénieurs en dirigera les opérations, rendra

rendra compte directement au Général de l'armée, prendra ses ordres pour tout ce qui regardera les Ingénieurs & le service de la tranchée, dont il enverra tous les jours au Secrétaire d'État ayant le département de la guerre, un plan sur lequel seront marqués les progrès des attaques.

XXXII.

DANS le même cas où il s'agira de former un siége, outre le Commandant en second, il sera nommé par Sa Majesté un Commandant en troisième; ils feront conjointement le détail de la tranchée, & ne seront attachés à aucune des brigades. L'un ira tous les soirs montrer au Brigadier, ou autre Ingénieur supérieur qui montera la tranchée, l'ouvrage qu'il aura à faire conformément aux ordres qu'il aura reçûs du Commandant, l'instruira des moyens & des précautions qu'il devra prendre, & décidera sur les difficultés qui pourroient survenir pour les débouchés; l'autre ira dès le point du jour reconnoître l'ouvrage fait pendant la nuit, examiner les moyens & le chemin à tenir relativement au plan arrêté pour les attaques, donner à ce sujet les instructions nécessaires au Brigadier ou autre Ingénieur supérieur; il fera le dispositif du projet pour le travail de la nuit suivante, & l'un & l'autre, à leur retour, rendront compte de leurs observations au Commandant en chef, afin qu'il soit en état de recevoir sur le tout les ordres du Général.

XXXIII.

QUAND le Commandant en chef aura donné ses ordres sur le travail de la tranchée, le Major du corps ira en conséquence demander au Major général de l'Infanterie le nombre de Travailleurs nécessaires de nuit & de jour, & prévenir le Major du dépôt de tous les matériaux & outils qui devront être préparés ou transportés pour le service de la tranchée;

il payera les Sappeurs & les Mineurs, & tiendra un état exact & détaillé, jour par jour, de ces payemens, ainsi que de ce qui aura été fourni & employé, dont il remettra une copie, signé de lui, à la fin du siége, au Commandant des Ingénieurs.

XXXIV.

L'AIDE-MAJOR ira tous les jours porter le mot & l'ordre au Commandant en second & au Commandant en troisième chargé du détail.

XXXV.

LORS de l'investissement de la place, le Major des Ingénieurs demandera au Major général de l'Infanterie deux Sergens pour le Commandant en chef des Ingénieurs, un pour chacun des deux Ingénieurs chargés du détail de la tranchée, un pour le Major, & deux pour chaque brigade des Ingénieurs; ces Sergens seront choisis entre les plus intelligens, ils ne feront point de service à leur corps, ils resteront aux ordres des Ingénieurs pendant tout le siége, & seront payés ainsi qu'il est d'usage.

XXXVI.

HORS les cas de siége & pendant tout le temps que les Ingénieurs resteront à l'armée, le Commandant en chef, le Commandant en second & le Major du corps, auront avec eux des Sergens, ainsi qu'il est expliqué à l'article précédent; & ces Sergens seront tirés des compagnies de Sappeurs & de Mineurs qui se trouveront à l'armée.

XXXVII.

TOUS les Ingénieurs seront logés le plus près de la queue de la tranchée que faire se pourra.

XXXVIII.

LES Travailleurs de nuit & de jour seront comptés avec la plus grande exactitude, au dépôt où ils auront ordre de s'assembler, par les Ingénieurs qui iront les y chercher, pour les conduire au travail de la tranchée.

XXXIX.

CES Travailleurs de nuit & de jour ne pourront être payés que sur le certificat du principal Ingénieur de chaque division qui les aura employés, lequel certificat sera visé par l'Officier général commandant la tranchée.

XL.

LES Sappeurs & les Mineurs ne pourront de même être payés que sur le certificat des Ingénieurs qui les auront employés, visé du Brigadier ou autre Ingénieur supérieur qui sera de tranchée.

XLI.

LES claies & gabions qui seront fournis, ne pourront être payés que sur le certificat de l'Ingénieur qui aura été nommé pour aller les examiner & recevoir au dépôt. Sa Majesté lui enjoint de n'en recevoir aucuns qui ne soient bien faits, & des dimensions qui auront été prescrites.

XLII.

LES Ingénieurs seront tenus, toutes les fois qu'ils feront des logemens & des débouchés pour les sappes, ou qu'ils traceront les tranchées sous le feu de l'ennemi, de s'armer de leur pot en tête & de leur cuirasse, sous peine aux contrevenans d'être renvoyés sur le champ au lieu de leur résidence.

XLIII.

AUSSI-TÔT que la place assiégée aura capitulé, le Commandant des Ingénieurs prendra l'ordre du Général, pour y envoyer un Ingénieur des plus intelligens, qui prendra connoissance des mines, galeries, soûterrains & poternes de communication, & fera un état de tout ce qui peut concerner les fortifications.

XLIV.

Le Commandant propoſera au Général les Ingénieurs qu'il croira les plus utiles pour entrer dans la place en même temps que les troupes, & y réſider juſqu'à ce que le Roi y ait pourvû.

XLV.

Il recevra en même temps les ordres du Général ſur tout ce qui concerne la fortification de la place, & les fera exécuter en en donnant avis ſur le champ au Secrétaire d'État ayant le département de la guerre.

XLVI.

Lors de la défenſe d'une place aſſiégée, le commandement entre les Ingénieurs qui s'y trouveront, ſera déféré à celui qui ſera ſupérieur en grade, ſoit qu'il ait ſa réſidence ordinaire dans la place, ou qu'il y ait été envoyé, & l'Ingénieur en chef reſtera cependant toûjours chargé du détail de la place.

XLVII.

Si un Brigadier vient à être tué ou bleſſé pendant un ſiége, le Sous-brigadier commandera la brigade, à moins que le Général de l'armée du ſiége, ou le Commandant de la place aſſiégée n'en ordonne autrement.

XLVIII.

Pour conſtater le ſervice de guerre des Ingénieurs, en vertu duquel ils doivent prendre rang entre eux conformément à l'article XII de la préſente ordonnance, le Commandant en chef ſe fera rendre compte par les Brigadiers, à la fin de chaque campagne, de leurs ſervices de toute eſpèce, & de ceux de chaque Ingénieur de leur brigade; il en ſera dreſſé un état détaillé qui ſera lû enſuite à haute voix, en préſence de tous les Ingénieurs aſſemblés, afin qu'ils puiſſent faire les repréſentations

représentations qu'ils croiront convenables, sur lesquelles le Commandant recueillera, s'il en est besoin, les sentimens des Officiers supérieurs; cet état, après avoir été signé du Commandant en chef, des deux Officiers chargés du détail, & du Major, sera envoyé au Secrétaire d'État ayant le département de la guerre, pour être enregistré.

SERVICE DANS LES PLACES.

XLIX.

VEUT Sa Majesté que les Directeurs, & sous eux les Ingénieurs en chef, continuent de commander à tous les Ingénieurs employés dans leurs départemens & dans leurs places, conformément à l'usage anciennement observé entre eux, nonobstant ce qui est porté par les articles XII & XLVI de la présente ordonnance, concernant le rang que les Ingénieurs doivent prendre suivant leurs grades, pour le service des armées & la défense des places assiégées.

L.

LE Directeur des fortifications d'une province, tiendra un état exact de tous les papiers, plans & mémoires concernant la province & les places de son département, dont il demeurera chargé; il aura soin d'y joindre ceux qui seront importans au service du Roi, il en fera tous les ans l'inventaire & en enverra une copie au Secrétaire d'État ayant le département de la guerre, qui jugera de son attention & de son zèle par les additions qui auront été faites.

LI.

IL fera par an au moins deux visites des places de sa direction; la première au printemps, pour l'établissement des ouvrages ordonnés, & la seconde en automne, pour en voir l'exécution, arrêter & viser les toisés, & dresser, de concert avec l'Ingénieur en chef, les projets & estimations, plans & profils des ouvrages à faire l'année suivante, qu'il enverra au Secrétaire d'État ayant le département de la guerre.

L I I.

QUAND les Directeurs des fortifications auront ordre de faire les visites des places de leur direction, ils y jouiront des honneurs attribués à leur grade, comme il est établi pour les Inspecteurs généraux des troupes, par l'article DI de l'ordonnance du 25 juin 1750, sans toutefois qu'ils puissent former la même prétention dans la place de leur résidence ni dans aucune autre où ils iroient ou séjourneroient hors du temps de leurs tournées, pour quelque objet que ce puisse être.

L I I I.

LE Directeur se fera représenter tous les plans, profils, projets, mémoires & papiers qui concernent la fortification de chaque place & les bâtimens du Roi; il vérifiera si le nombre & l'espèce sont conformes à l'inventaire qui sera signé par l'Ingénieur en chef, & qu'il visera à chacune de ses visites, en y faisant mention de ce qui y aura été ajoûté; il en fera de même pour tous les effets appartenans au Roi, qui regardent la fortification, dont l'Ingénieur en chef lui remettra un état relatif à son inventaire, où il sera fait mention de tous les matériaux consommés ou employés, & de tous les nouveaux qui auront été remis en magasin depuis sa dernière visite, & il rendra compte de tout au Secrétaire d'État ayant le département de la guerre.

L I V.

LORSQU'IL aura reçû l'état des ouvrages ordonnés par le Roi pour l'année suivante, il en enverra copie collationnée par lui aux Ingénieurs en chef des places de sa direction, pour en dreſſer ou faire dreſſer les devis & conditions, conformément à chacun des articles portés dans l'état; & lorſque les devis ſeront faits, il les enverra au Secrétaire d'État ayant le département de la guerre, qui donnera les ordres néceſſaires à l'Intendant de la province pour en paſſer les marchés.

L V.

Il ſe fera rendre compte, à la fin de chaque année, par les Ingénieurs en chef, des mœurs & de la capacité des Ingénieurs ordinaires employés ſous leurs ordres, pour en informer le Secrétaire d'État ayant le département de la guerre; obſervant de ſpécifier leurs différens talens & les parties auxquelles ils ſont les plus propres.

L V I.

Il aura une particulière attention à prendre une connoiſſance très-exacte de toute l'étendue de ſon département, à ſe mettre au fait des communications, paſſages de montagnes, chemins, rivières, & enfin de tout ce qui peut être important pour la guerre de campagne & la défenſe de la frontière, & à envoyer des mémoires au Secrétaire d'État ayant le département de la guerre.

L V I I.

Lorsqu'il jugera à propos de faire paſſer un Ingénieur ordinaire d'une place à une autre de ſa direction, à l'occaſion d'un travail preſſé, Sa Majeſté l'y autoriſe, à condition d'en donner avis ſur le champ au Secrétaire d'État ayant le département de la guerre.

L V I I I.

L'Ingénieur en chef d'une place ſera chargé & aura en garde tous les plans, profils, projets, mémoires & autres papiers concernant la fortification & les bâtimens de cette place, appartenans au Roi, & il aura ſoin de joindre à ce dépôt toutes les pièces inſtructives, tant pour l'attaque & la défenſe de ladite place, que pour la conſtruction des ouvrages.

L I X.

Il aura un regiſtre dans lequel toutes les pièces ci-deſſus énoncées ſeront inventoriées, & il y ajoûtera chaque année les nouvelles qui ſeront utiles à conſerver; il en fera de même pour tous les effets appartenans au Roi, comme bois de charpente, vieux bois, paliſſades, liteaux, barrières, vieux fers, & généralement tous matériaux utiles à la fortification. Lorſqu'il s'en fera quelque conſommation, elle ſera auſſi-tôt enregiſtrée, déſignant la quantité, la qualité & le lieu où ils auront été employés. Il y ſera fait mention de même de tous les nouveaux qui auront été remis en magaſin. Ces inventaires ſeront ſignés par l'Ingénieur en chef, & viſés par le Directeur lors de ſa viſite, & il lui en ſera remis une copie tous les ans, pour l'envoyer au Secrétaire d'État ayant le département de la guerre.

L X.

L'Ingénieur en chef fera tous les trois mois une viſite exacte de tous les bâtimens Royaux, corps-de-garde, ponts, écluſes, portes, barrières d'entrée de place, & généralement de tous les ouvrages de la fortification de ſa place; il dreſſera un mémoire abrégé de leur état actuel, dont il enverra une copie au Directeur, & une au Secrétaire d'État ayant le département de la guerre.

L X I.

Il aura ſoin d'avoir un grand plan nommé *directeur,* & s'il n'en a point, d'en lever ou faire lever un ſur une échelle de quatre pouces pour cent toiſes, où toutes les parties de la place généralement ſeront marquées avec la plus grande préciſion & dans le plus grand détail, ainſi que les bâtimens

Royaux; obſervant de diſtinguer dans la légende ceux qui ſont entretenus ſur le fonds des fortifications, de ceux qui ſont à la charge de l'artillerie & de l'extraordinaire des guerres, ou de la ville même; ce plan ſera collé ſur toile, & ſigné par le Directeur; il ſervira pour tous les projets de la place, & ne pourra être tranſporté hors de la maiſon de l'Ingénieur en chef.

L X I I.

Il aura encore ou fera lever un plan exact de la place, où ſeront marqués les environs de tous côtés, juſqu'à la diſtance d'une lieue au moins, en y ſpécifiant les foſſés, ravins, monticules, rideaux, bois, haies, maiſons, chapelles, ruiſſeaux, étangs, flaque d'eau, & autres particularités qui peuvent ſervir à reconnoître le local. Ce plan ſera levé ſur une échelle d'un pouce pour cent toiſes.

L X I I I.

Il aura une grande attention à prendre connoiſſance des écluſes & de la manœuvre des eaux, s'il y en a dans ſa place ou aux environs, de reconnoître ſi elles peuvent être ſaignées ou non, & de faire la recherche la plus exacte ſur les moyens qui pourroient être employés pour les détourner & auſſi pour les augmenter.

L X I V.

La manœuvre des écluſes exigeant des précautions & des connoiſſances particulières ſur leurs effets, & beaucoup d'exactitude à veiller continuellement à leur entretien & conſervation, l'intention de Sa Majeſté eſt que les clefs des écluſes qui dépendent de la fortification, demeurent entre les mains de l'Ingénieur en chef de la place, & en ſon abſence, de celui qui remplira ſes fonctions, afin qu'il ſatisfaſſe à ces objets, de la manière la plus prompte & la plus convenable au service & au bien public.

L X V.

ENTEND néanmoins Sa Majesté, que lorsque les portes & vannages des écluses serviront en même temps de fermeture ou d'entrée dans une place, les clefs resteront entre les mains du Commandant, qui ne pourra les refuser à l'Ingénieur qui les lui demandera pour la manœuvre, en prenant les précautions qu'il jugera convenables à la sûreté de la place.

L X V I.

LES Éclusiers, soit qu'ils soient nommés par le Roi, ou commis par les Magistrats des villes, n'obéiront qu'aux ordres de l'Ingénieur en chef ou principal, pour toutes les manœuvres d'eau qu'il conviendra de faire aux écluses construites dans les places de guerre & leurs dépendances, soit pour l'usage ordinaire de la navigation, soit pour le bien du service ou l'utilité publique.

L X V I I.

SA MAJESTÉ trouve bon cependant, que les Commandans de ses places prennent connoissance des manœuvres d'eau qui peuvent avoir rapport à la sûreté desdites places dans l'étendue de la fortification, & que les Ingénieurs leur communiquent sur cela leurs dispositions; mais dans le cas où il y auroit diversité de sentimens, ils en rendront compte de part & d'autre au Secrétaire d'État ayant le département de la guerre, pour recevoir de lui les décisions de Sa Majesté; si néanmoins le cas étoit pressant, le Commandant de la place donnera un ordre par écrit, auquel l'Ingénieur sera tenu de se conformer provisionnellement.

L X V I I I.

LES inondations autour d'une place de guerre, ne pourront

être formées ou mises à sec, qu'en conséquence d'un ordre exprès de Sa Majesté; ou dans un cas pressant, d'un ordre par écrit de celui qui commandera dans la province, s'il est à portée de le donner, & à son défaut on suivra ceux du Commandant de la place, & l'Ingénieur en rendra compte sur le champ au Secrétaire d'État ayant le département de la guerre.

LXIX.

L'Ingénieur en chef veillera avec la dernière exactitude à la bonne construction des ouvrages ordonnés, dont il rendra compte, au moins à la fin de chaque mois, au Secrétaire d'État ayant le département de la guerre, par un état apostillé, ainsi qu'au Directeur; observant de n'y faire aucun changement, & de ne point porter un fonds en tout ou en partie, d'un article à l'autre, sans un ordre supérieur.

LXX.

Lorsque les ouvrages seront achevés, l'Ingénieur en chef fera en présence de l'Entrepreneur, & assisté par tous les Ingénieurs ordinaires de la place, le toisé général & définitif qu'ils signeront tous, & dont il sera fait un extrait sur le champ, pour former l'état apostillé définitif qu'il remettra au Directeur pour être envoyé au Secrétaire d'État ayant le département de la guerre, avec les projets pour l'année suivante.

LXXI.

Il aura un grand livre *in-folio*, qu'il aura cotté & paraphé à toutes les pages, dont le nombre sera certifié & visé par le Directeur. Il aura soin d'y enregistrer tous les plans & profils relatifs aux toisés & attachemens généraux de toute eſpèce d'ouvrages, qui y ſeront inſcrits au même inſtant qu'ils ſeront pris, & ſignés par l'Ingénieur chargé de la conduite de l'ouvrage & par l'Entrepreneur.

L X X I I.

LORSQU'IL y aura quelqu'ouvrage à tracer, il s'y fera aider & accompagner par les Ingénieurs ordinaires auxquels il expliquera les raiſons de la conſtruction des ouvrages, leur utilité pour la défenſe, ainſi que les différentes opérations dans la conſtruction, en délivrant à ceux qui en ſeront chargés, les plans, profils & devis qui leur ſeront néceſſaires, approuvés du Directeur.

L X X I I I.

IL fera obſerver une exacte ſubordination aux Ingénieurs ordinaires, & à la fin de chaque année il rendra compte au Directeur, avec la vérité la plus ſcrupuleuſe, des mœurs, talens, application & conduite de ceux qui auront ſervi ſous ſes ordres.

L X X I V.

IL ne pourra faire conſtruire aucune pièce de fortification, ni ouvrir la place, ſans en avoir auparavant informé le Commandant de ladite place.

L X X V.

EN l'abſence de l'Ingénieur en chef, le plus ancien des Ingénieurs ordinaires commandera & ſera chargé des papiers & du détail de la place.

L X X V I.

CHAQUE Ingénieur ordinaire rendra compte à l'Ingénieur en chef du travail dont il ſera chargé, & recevra ſes ordres pour les faire exécuter.

L X X V I I.

IL aura une copie du plan de la place, ſur un pouce pour

cent toises, où seront indiquées toutes les pièces de la fortification & tous les bâtimens appartenans au Roi, distingués comme il est expliqué à l'article LXI.

LXXVIII.

TOUS les Ingénieurs ordinaires auront chacun un registre, à la tête duquel sera copié l'état des ouvrages ordonnés par le Roi pour l'année courante, auquel seront joints les plans & profils, les devis, conditions & marchés desdits ouvrages, afin qu'ils puissent porter tous leurs soins pour une bonne & solide construction de ceux dont ils seront chargés par l'Ingénieur en chef.

LXXIX.

ILS feront eux-mêmes tous les toisés, & prendront tous les attachemens des ouvrages dont ils seront chargés, de quelqu'espèce qu'ils soient; ils les enregistreront aussi-tôt sur l'attelier même dans le petit livret à ce destiné, les signeront & feront signer par l'Entrepreneur, pour servir par la suite à dresser le toisé général, & les accompagneront à la marge ou en tête, des plans, profils & développemens nécessaires pour l'intelligence parfaite dudit attachement, dont ils rendront compte immédiatement après à l'Ingénieur en chef, pour être mis sans délai sur son registre, & signés par l'un & l'autre, & par l'Entrepreneur.

LXXX.

ILS veilleront exactement au travail dont ils seront chargés, & ne laisseront employer aucuns matériaux, sans les avoir auparavant examinés & trouvés conformes aux conditions du marché.

LXXXI.

ILS feront les desseins & mémoires des ouvrages projetés pour l'année suivante, conformément à ce qui leur sera ordonné par l'Ingénieur en chef; & pour parvenir à en faire une juste estimation, ils auront tous une grande attention à se mettre parfaitement au fait de la distance d'où l'on tire les matériaux, de leur qualité & valeur sur les lieux, du prix du transport à pied d'œuvre, & de ce qu'il en coûte pour la façon.

LXXXII.

A l'arrivée d'une troupe dans la place, un Ingénieur ordinaire sera, conjointement avec un Officier-major de la place & un de la troupe, la visite des casernes & ustensiles appartenans au Roi, qui seront remis à ladite troupe; il sera fait un inventaire de leur état actuel, dont chacun gardera une copie signée de ces trois Officiers; la même visite sera faite au départ de la troupe; & s'il se trouve quelque dégradation de la part des troupes, l'Ingénieur ordinaire en rendra compte à l'Ingénieur en chef, qui en donnera un état estimatif, signé de lui, à l'Intendant de la province, & en son absence au Commissaire des guerres chargé de la police de ladite troupe, pour en ordonner la retenue.

LXXXIII.

UN Ingénieur ordinaire sera pareillement tous les mois, avec un Officier-major de la place, une visite exacte de tous les bâtimens entretenus sur le fonds des fortifications, des corps-de-garde & des guérites, pour dresser l'état des réparations à y faire; observant de distinguer ce qui devra être à la charge des troupes, & il en rendra compte à l'Ingénieur en chef.

LXXXIV.

LES Ingénieurs ordinaires feront deux fois pendant l'année, & dans le temps prescrit par l'Ingénieur en chef, la visite de tous les ouvrages de la fortification, chacun dans la partie dont il ſera chargé ; ils formeront en conſéquence un mémoire de leur état actuel, en y ſpécifiant les réparations indiſpenſables & preſſantes, & celles qui peuvent ſe retarder, avec une eſtimation détaillée de la dépenſe à y faire, commençant de préférence par les portes, ponts, barrières d'entrée des places, & autres parties de néceſſité abſolue, & ils remettront enſuite le tout à l'Ingénieur en chef.

L X X X V.

NUL Ingénieur ordinaire ne pourra s'abſenter du lieu de ſa réſidence, ſous quelque prétexte que ce puiſſe être, ſans la permiſſion de ſon chef & du Directeur de la province, qui ne pourront la lui donner que pour quinze jours au plus, & en en donnant avis ſur le champ au Secrétaire d'État ayant le département de la guerre.

L X X X V I.

A l'égard de la permiſſion à demander aux Commandans des places, les Ingénieurs qui auront à s'abſenter, ſe conformeront à ce qui eſt porté par l'article DXLVIII de l'ordonnance du 25 juin 1750.

L X X X V I I.

SA MAJESTÉ fait défenſes à tous Ingénieurs de laiſſer lever, par qui que ce ſoit, les plans des places du Royaume où ils ſont leur réſidence, ni de laiſſer prendre des copies de ceux dont ils ſont dépoſitaires, à moins d'une permiſſion expreſſe de Sa Majeſté, ſous peine d'être caſſés, & même de plus grande peine ſuivant l'exigence du cas.

L X X X V I I I.

TOUT Entrepreneur & Deſſinateur, ſoit de Directeurs ou d'Ingénieurs, qui communiquera des plans ou des mémoires concernant la fortification, ſans la permiſſion par écrit de celui qui l'aura employé, ſera puni très-ſévèrement, & même de mort ſelon la circonſtance du délit.

L X X X I X.

AUCUNE perſonne, de quelque qualité & condition qu'elle ſoit, ne pourra faire tranſporter des décombres ailleurs que dans les lieux indiqués par l'Ingénieur en chef de la place.

X C.

TOUT Directeur, Ingénieur en chef ou ordinaire, qui quittera le lieu de ſa réſidence, ſoit pour en changer, ou pour s'abſenter pendant un temps conſidérable, ſera tenu de remettre tous les plans & papiers concernant les fortifications de ſa direction ou de la place, à celui qui devra le relever; & en ſon abſence, à l'Ingénieur principal réſidant dans la même place que lui.

X C I.

PERMET cependant Sa Majeſté au Directeur qui devra remettre les papiers de ſa direction à un Ingénieur qui ne ſera pas deſtiné à le relever, de renfermer ſous une enveloppe, ſcellée de ſon cachet, avec une note ſignée de lui, ceux qu'il jugera devoir tenir ſecrets, pour lui être remis à ſon retour dans le même état, ou à celui qui devra le remplacer, & il en ſera fait mention dans l'inventaire qui ſera dreſſé deſdits papiers, & ſigné de l'un & de l'autre.

X C I I.

ORDONNE Sa Majeſté aux Majors & Aide-majors de ſes places, à qui les papiers concernant les fortifications doivent être remis après la mort d'un Ingénieur, en conſéquence de l'article II de ſa déclaration du 3 février 1731, de les remettre auſſi-tôt, par inventaire, dont il ſera envoyé une copie au Secrétaire d'État ayant le département de la guerre, entre les mains de l'Ingénieur principal réſidant dans la place, lequel ſera tenu pour cet effet d'être préſent à l'appoſition & à la levée du ſcellé; & s'il n'y avoit point d'Ingénieur dans la place, le Major fera mettre leſdits papiers dans un lieu particulier, & il y fera réappoſer le ſcellé, la levée duquel ne ſe fera qu'en préſence du Directeur ou de l'Ingénieur envoyé par lui, & muni de ſon ordre pour les retirer.

XCIII.

ENJOINT Sa Majeſté à tous les Ingénieurs de tenir la main à ce que les bâtimens du Roi ne ſoient point employés à d'autres uſages qu'à ceux de leur deſtination; qu'il n'y ſoit logé perſonne que ſes troupes & ceux qui en auront le droit, & qu'il ne ſoit mis dans les magaſins & greniers deſdits bâtimens, ainſi que dans les poternes, galeries de mines & ſoûterrains, que les effets appartenans au Roi, à moins d'un ordre de Sa Majeſté, qui, pour ôter tout prétexte aux abus, ordonne que les clefs deſdits bâtimens, greniers, magaſins, poternes & ſoûterrains ſeront remiſes, ſi elles ne l'ont déjà été en vertu des différentes déciſions données à ce ſujet, entre les mains de l'Ingénieur en chef, qu'Elle rendra reſponſable de l'inexécution.

XCIV.

LES portes & poternes qui pourroient donner entrée dans la place, ſeront ou maſquées en maçonnerie, ou fermées ſolidement avec bonnes portes doubles de charpente à leur iſſue dans le foſſé; & dans ce dernier cas, les clefs de ces portes extérieures ſeront remiſes au Commandant de la place.

XCV.

LES Munitionnaires ou autres, à qui Sa Majeſté a permis ou permettra par la ſuite, de dépoſer des grains dans les greniers des pavillons & caſernes, ſeront tenus de réparer à leurs dépens toutes les dégradations causées par ces dépôts; à cet effet les Ingénieurs, avant d'en remettre les clefs, dresseront un procès-verbal de visite de l'état de ces bâtimens, qu'ils signeront, ainsi que le Munitionnaire, & ils tiendront pareillement la main à ce que les planchers ne soient pas trop chargés.

XCVI.

SA MAJESTÉ enjoint pareillement à ses Ingénieurs de ne point souffrir qu'il soit fait aucun chemin, levée ni chaussée, ni creusé aucun fossé à cinq cens toises près d'une place de guerre, sans que l'alignement en ait été auparavant concerté avec l'Ingénieur en chef de ladite place, qui dans tous les cas, sera tenu de prendre les ordres du Directeur du département.

XCVII.

VEUT au surplus Sa Majesté que les ordonnances qu'Elle a précédemment rendues sur le fait des fortifications, & notamment pour ce qui concerne leur conservation, soient exécutées en tout ce qui n'est pas contraire à la présente.

XCVIII.

LES Ingénieurs ordinaires du Roi, continueront de porter l'uniforme qui leur a été prescrit par l'article VI de l'ordonnance du 5 mai 1758, laquelle, d'ailleurs, sera exécutée dans tout ce qui n'est pas contraire à la présente.

XCIX.

SA MAJESTÉ considérant combien il seroit dangereux & nuisible à son service, que quelqu'un pût s'introduire dans ses armées & dans ses places de guerre, sous le nom & l'habit de ses Ingénieurs, Elle ordonne que celui qui n'étant pas du Corps de ses Ingénieurs ordinaires, sera trouvé portant leur uniforme, sera arrêté & conduit en prison, & qu'il en ſera rendu compte auſſi-tôt au Secrétaire d'État ayant le département de la guerre, qui prendra les ordres de Sa Majeſté à ce ſujet.

C.

SA MAJESTÉ ayant par l'article X de ſon ordonnance du 5 novembre 1758, retiré les compagnies de Sappeurs des brigades du Corps royal de l'Artillerie, & déterminé, juſqu'à nouvel ordre ſeulement, la forme ſous laquelle ces compagnies, ainſi que celles des Mineurs, devroient être adminiſtrées; Elle ordonne qu'à l'avenir & à dater du premier avril de la préſente année, les compagnies de Sappeurs & les compagnies de Mineurs ceſſeront d'être en aucune façon attachées au Corps royal de l'Artillerie: Entend & veut Sa Majeſté, qu'elles ſoient deſormais attachées au Corps de ſes Ingénieurs.

C I.

LE ROI veut que d'après la publication de la préſente ordonnance, & à compter du premier avril de la préſente année, les fonds qui ont été aſſignés pour la ſubſiſtance & la ſolde des Officiers, Sergens, Caporaux, Anſpeſſades, Haute-payes & Soldats, tant des compagnies de Sappeurs que de celles des Mineurs, leſquels fonds ont fait juſqu'à préſent partie de ceux deſtinés à la ſolde & à la ſubſiſtance des Officiers & Soldats du Corps royal de l'Artillerie, en ſoient diſtraits, pour être uniquement appliqués à la ſolde & ſubſiſtance des Officiers, Sergens, Caporaux, Anſpeſſades, Haute-payes & Soldats deſdites compagnies de Sappeurs & de Mineurs.

C I I.

ENTEND au ſurplus Sa Majeſté que les compagnies de Sappeurs & de Mineurs continuent de tenir rang dans ſon

Infanterie, immédiatement après le Corps royal de l'Artillerie.

C I I I.

CHACUNE des six compagnies de Sappeurs, sera composée de trois Sergens, trois Caporaux, trois Anspessades, cinquante Sappeurs & un Tambour, commandée par un Capitaine avec un Lieutenant; & payée par jour, sur le pied de six livres treize sols quatre deniers au Capitaine, cinquante sols au Lieutenant, vingt sols dix deniers à chaque Sergent, quatorze sols huit deniers à chaque Caporal, onze sols huit deniers à chaque Anspessade, neuf sols huit deniers à chacun de onze des cinquante Sappeurs, sept sols deux deniers à chacun des trente-neuf autres, & neuf sols huit deniers au Tambour.

C I V.

LES compagnies de Sappeurs seront divisées par escouade de huit hommes chacune, y compris un Caporal ou un Anspessade; il y aura un Sergent pour deux escouades.

C V.

L'INTENTION de Sa Majesté étant de pourvoir par la suite aux recrues qui seront nécessaires aux compagnies de Sappeurs, pour les entretenir complètes, les Capitaines ne recevront plus de payes de gratification; mais Sa Majesté se réserve de leur marquer sa satisfaction, par des gratifications proportionnées au soin qu'ils prendront pour la conservation de leurs Soldats.

C V I.

CHACUNE des six compagnies de Mineurs, sera composée de quatre Sergens, quatre Caporaux, quatre Anspessades, quarante-six Mineurs ou Apprentifs, & deux Tambours, commandées par un Capitaine, un Capitaine en second, un Lieutenant, deux Lieutenans en second; & payées par jour, à raiſon de ſix livres treize ſols quatre deniers au Capitaine, trois livres ſix ſols huit deniers au Capitaine en ſecond, cinquante ſols au Lieutenant, quarante ſols à chaque Lieutenant en ſecond, vingt ſols dix deniers à chaque Sergent, quatorze ſols huit deniers à chaque Caporal, onze ſols huit deniers à chaque Anſpeſſade, dix ſols huit deniers à chacun des vingt-quatre Mineurs, ſept ſols deux deniers à chacun des vingt-deux Apprentifs, & neuf ſols huit deniers à chacun des Tambours.

CVII.

LE plus ancien Capitaine des ſix compagnies de Sappeurs commandera les ſix compagnies de Sappeurs, & le plus ancien Capitaine des compagnies de Mineurs commandera également les ſix compagnies de Mineurs : Ils auront rang de Lieutenant-colonel du jour qu'ils ſeront devenus les plus anciens Capitaines, & jouiront, à commencer du même jour, de neuf livres ſix ſols huit deniers d'appointemens par jour, tant comme Commandans des ſix compagnies, que comme Capitaine particulier d'une compagnie, nonobſtant ce qui eſt preſcrit par l'article XIII de l'ordonnance du 5 novembre 1758.

CVIII.

LE Capitaine commandant les compagnies de Mineurs devant être chargé d'un détail & d'un ſervice conſidérable, Sa Majeſté entend qu'il ſoit mis à la première compagnie de Mineurs un premier Capitaine en ſecond, pour veiller plus particulièrement à la diſcipline de ladite compagnie, aux appointemens de cinq livres par jour; ce premier Capitaine en ſecond devant toûjours être attaché à la compagnie commandante.

C I X.

L'INTENTION de Sa Majesté est qu'il soit mis un Major & un Aide-major à chacun des deux corps de Sappeurs & de Mineurs, qui seront payés à raison de huit livres six sols huit deniers à chaque Major, & de six livres aussi par jour à chaque Aide-major.

C X.

L'UNIFORME des Sappeurs & des Mineurs sera le même que celui qui a été réglé pour les Ingénieurs.

C X I.

LES compagnies de Sappeurs & de Mineurs destinées à servir aux armées, marcheront entre l'avant-garde & la tête de l'armée; leurs équipages marcheront à la suite de ceux du quartier général.

C X I I.

ELLES camperont le plus à portée qu'il sera possible du quartier général ou de celui du corps des Ingénieurs, lorsque les circonstances empêcheront les Officiers de ce corps d'être logés au quartier général.

C X I I I.

LES compagnies de Sappeurs & de Mineurs ne rouleront ensemble que pour fournir la garde du Commandant des Ingénieurs, & celle qui sera nécessaire à leur police particulière: Elles ne pourront être commandées pour aucun autre service, l'intention de Sa Majesté étant qu'elles ne soient jamais distraites de leurs opérations particulières.

C X I V.

LORSQU'IL sera détaché quelques Sappeurs ou quelques Mineurs d'une ou de plusieurs compagnies, il marchera toûjours un Lieutenant de chaque troupe avec le détachement s'il n'excède pas vingt hommes, & un Capitaine avec un ou deux Lieutenans ſi le détachement eſt plus fort.

C X V.

LES compagnies de Sappeurs & de Mineurs qui ſerviront aux armées, y exécuteront tout ce qui leur ſera ordonné par le Commandant des Ingénieurs.

C X V I.

LE Commandant des Ingénieurs emploiera les Sappeurs & les Mineurs, lorſque le ſervice de l'armée le permettra, à tous les ouvrages néceſſaires à leur inſtruction, pour les opérations de pratique, relatives à leurs différens ſervices. Il ſera fourni pour cet effet des outils, & les bois pour faſcines, gabions, claies, blindes, chaſſis, &c. on leur aſſignera un terrein particulier, la dépenſe en ſera payée ſur les ordres du Général de l'armée.

C X V I I.

LES compagnies de Sappeurs qui ne ſeront pas employées aux armées, ſeront en garniſon à Mézières, & s'y inſtruiront de tous les ouvrages relatifs aux ſappes, ſuivant ce qui leur ſera preſcrit par le Directeur des fortifications, qui commande en même temps les Écoles de théorie & de pratique du Génie; elles n'y monteront que la garde néceſſaire à leur police particulière.

C X V I I I.

LES compagnies de Mineurs qui ne ſeront point employées aux armées, ſeront en garniſon à Verdun, & s'y inſtruiront de tous les ouvrages relatifs aux mines, ſuivant ce qui leur ſera preſcrit par l'Officier que Sa Majeſté jugera à propos de nommer pour y veiller; & elles n'y monteront que la garde néceſſaire à leur police particulière.

286

C X I X.

Les Sappeurs & les Mineurs qui seront employés aux travaux de la fortification dans les différentes places, y exécuteront tout ce qui leur sera prescrit, relativement à ces travaux, par les Ingénieurs qui en auront la conduite.

C X X.

Les compagnies de Sappeurs & de Mineurs auront dans leurs garnisons un quartier séparé, soit qu'il y ait des casernes, soit qu'elles logent chez les bourgeois.

Mande & ordonne Sa Majesté à ses Lieutenans généraux commandant en chef ses armées, à tous Directeurs & Ingénieurs employés dans sesdites armées ou dans ses places, & à tous autres ses Officiers & sujets, de se conformer, chacun en ce qui le concerne, à ce qui est porté par la présente. Fait à Versailles le dix mars mil sept cent cinquante-neuf. *Signé* LOUIS. *Et plus bas*, LE M.AL DUC DE BELLE-ISLE.

A PARIS, DE L'IMPRIMERIE ROYALE. 1759.

www.ingramcontent.com/pod-product-compliance
Ingram Content Group UK Ltd.
Pitfield, Milton Keynes, MK11 3LW, UK
UKHW021029260726
13994UKWH00005B/2047